Ruedas, alas y agua

Trenes

Lola M. Schaefer

Traducción de Patricia Cano

Heinemann Library
Chicago, Illinois

Designed by Sue Emerson, Heinemann Library; Page layout by Que-Net Media
Printed and bound in the United States by Lake Book Manufacturing, Inc.
Photo research by Amor Montes De Oca

07 06 05 04 03
10 9 8 7 6 5 4 3 2 1

Library of Congress Cataloging-in-Publication Data
Schaefer, Lola M.,1950-
  [Trains. Spanish]
  Trenes/ Lola M. Schaefer; traducción de Patricia Cano
     p. cm. – (Ruedas, alas y agua)
Includes index.
Contents: What are trains? – What do trains look like? – What are trains made of? – How did trains look long ago? – What is a passenger train? – What is a freight train? – What is a subway? – What is high-speed train? – What are some special trains? – Quiz – picture glossary.
   ISBN 1-4034-0922-6 (HC), 1-4034-3536-7 (Pbk.)
  1. Railroads–Juvenile literature. [1. Railroads–Trains. 2. Spanish language materials.] I. Title. II. Series.
  TF148.S3818 2003
  625.1–dc21

2002192161

Acknowledgments
The author and publishers are grateful to the following for permission to reproduce copyright material:
pp. 4, 7L Gary J. Benson; p. 5 Royalty-Free/Corbis; p. 6 Colin Garratt/Milepost 921/2/Corbis; pp. 7R, 15R Dr. Alan K. Mallams; p. 8 Kent Foster/Visuals Unlimited; p. 9 Lee Foster/Bruce Coleman, Inc.; p. 10 Corbis; p. 11 Hulton Archive/Getty Images; p. 12 Matt Bradley/Bruce Coleman, Inc.; pp. 13, 20 Jeff Greenberg/Visuals Unlimited; pp. 14, 22, 24 Reed Saxon/AP Wide World Photos; p. 15L Edmond Van Hoorick/Getty Images; p. 16 Art Stein/Corbis; p. 17 Richard T. Nowitz/Corbis; p. 18 Angela Rowlings/AP Wide World Photo; p. 19 Michael S. Yamashita/Corbis; p. 21 Reuters Photo Archive/NewsCom; p. 23 row 1 (L-R) Reed Saxon/AP Wide World Photo, Reuters Photo Archive/NewsCom, Matt Bradley/Bruce Coleman, Inc., Gary J. Benson; row 2 (L-R) Dr. Alan K. Mallams, PhotoDisc, Corbis, D. Long/Visuals Unlimited; row 3 (L-R) Dr. Alan K. Mallams, Jeff Greenberg/Visuals Unlimited, Colin Garratt/Milepost 921/2/Corbis, Jeff Greenberg/Visuals Unlimited; row 4 (L-R) Corbis, Hulton Archive/Getty Images; back cover (L-R) D. Long/Visuals Unlimited, Gary J. Benson

Cover photograph by Colin Garratt/Milepost 921/2/Corbis

Every effort has been made to contact copyright holders of any material reproduced in this book. Any omissions will be rectified in subsequent printings if notice is given to the publisher.

Special thanks to our bilingual advisory panel for their help in the preparation of this book:

Anita R. Constantino
Reading Specialist
Irving Independent School District
Irving, TX

Aurora Colón García
Literacy Specialist
Northside Independent School District
San Antonio, TX

Argentina Palacios
Docent
Bronx Zoo
New York, NY

Leah Radinsky
Bilingual Teacher
Inter-American Magnet School
Chicago, IL

Ursula Sexton
Researcher, WestEd
San Ramon, CA

Unas palabras están en negrita, **así.**
Las encontrarás en el glosario en fotos de la página 23.

Contenido

¿Qué son los trenes?

Los trenes son grupos de **vagones** que viajan juntos.

Llevan personas o cosas.

rueda

Cada vagón tiene ruedas que ruedan por **vías.**

Una **locomotora** tira o empuja el tren.

¿Cómo son los trenes?

Los trenes parecen filas de **rectángulos.**

Los **vagones** pueden ser altos o bajos.

vagones
cisterna

vagones
abiertos

Los **vagones cisterna** parecen tubos largos.

Los **vagones abiertos** no tienen lados ni techo.

¿De qué son los trenes?

Casi todos los trenes son de metal.

Unos trenes son de madera.

rueda | vía

Las ruedas del tren son de metal.

Las **vías** también son de metal.

¿Cómo eran hace tiempo?

Los primeros trenes parecían coches de caballos.

La gente se podía sentar fuera de los **vagones**.

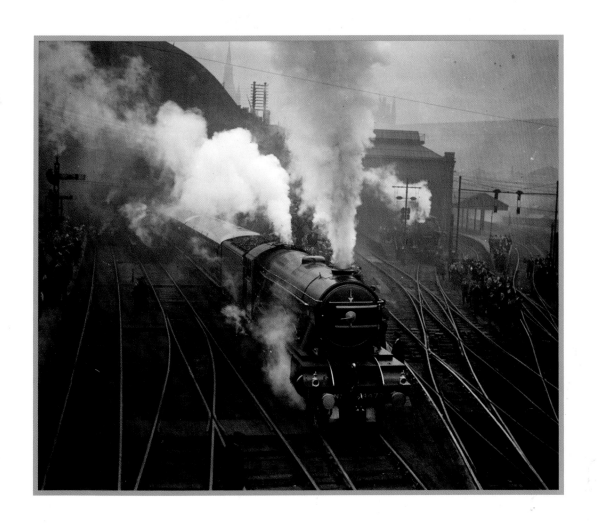

Después les pusieron **máquinas de vapor** y vagones que parecían cajas.

Los **pasajeros** viajaban dentro de vagones.

¿Qué es un tren de pasajeros?

Un tren de **pasajeros** lleva mucha gente.

Podemos comer en el coche comedor.

Podemos dormir en un coche cama.

¿Qué es un tren de carga?

Un tren de carga lleva cosas o animales.

Tiene varias clases de **vagones.**

furgones

carbón

vagones
tolva

Los **furgones** parecen cajas.

Los **vagones tolva** pueden llevar
carbón o maíz.

¿Qué es un metro?

Un metro es tren subterráneo.

Rueda por **túneles** debajo de
las ciudades grandes.

Mucha gente toma el metro para
ir al trabajo.

El metro es más rápido que
los carros.

¿Qué es un tren de alta velocidad?

Un tren de alta velocidad va muy rápido.

Nos lleva lejos en poco tiempo.

Los trenes de alta velocidad tienen distintas formas.

Éste parece un **óvalo** largo.

¿Qué trenes especiales hay?

El **monorail** es un tren que tiene una sola **vía**.

Lleva gente por arriba del suelo.

Los trenes **maglev** flotan en el aire sobre una vía de metal.

Los mueven **imanes**.

Prueba

¿Sabes qué tren es éste?

¡Búscalo en el libro!

Busca la respuesta en la página 24.

Glosario en fotos

furgón
página 15

maglev
página 21

pasajeros
páginas 11, 12

**vagón
cisterna**
página 7

**vagón
abierto**
página 7

imán
página 21

vagón
páginas 4, 5, 6,
10, 11, 14, 15

vía
páginas 5, 9,
20–21

vagón tolva
página 15

monorail
página 20

rectángulo
página 6

túnel
página 16

locomotora
página 5

óvalo
página 19

**máquina
de vapor**
página 11

Nota a padres y maestros

Leer para buscar información es un aspecto importante del desarrollo de la lectoescritura. El aprendizaje empieza con una pregunta. Si usted alienta a los niños a hacerse preguntas sobre el mundo que los rodea, los ayudará a verse como investigadores. Cada capítulo de este libro empieza con una pregunta. Lean la pregunta juntos, miren las fotos y traten de contestar la pregunta. Después, lean y comprueben si sus predicciones son correctas. Piensen en otras preguntas sobre el tema y comenten dónde pueden buscar la respuesta. El símbolo de vehículo en el glosario en fotos es un tren. Explique que un vehículo es algo que lleva personas o cosas de un lugar a otro. Unos vehículos, como los carros, tienen motores; otros no tienen.

Índice

Respuesta de la página 22
Es un tren de carga.